LA FRANCE

SANS DIEU

par **F. M.**

———❦———

NANCY

DE L'IMPRIMERIE SORDOILLET ET FILS,

3, rue du faubourg Stanislas, 3.

1871

LA FRANCE

SANS DIEU

PAR **F. M.**

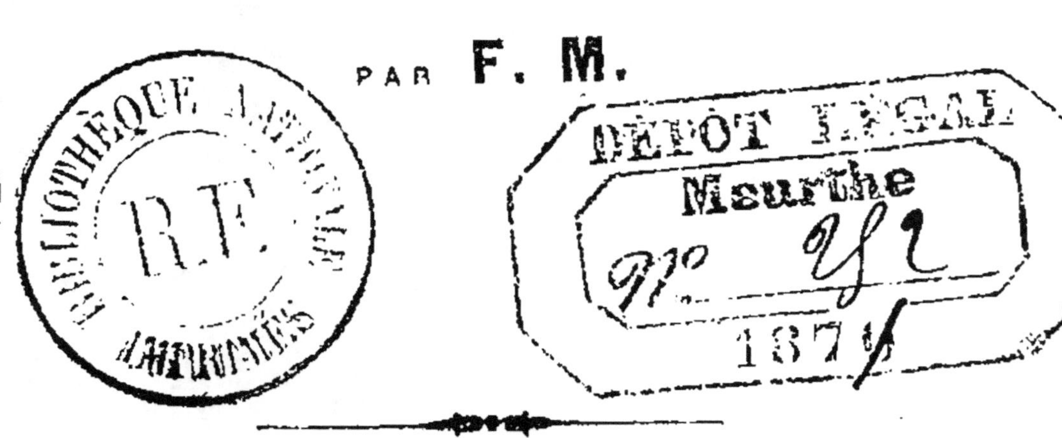

NANCY

DE L'IMPRIMERIE SORDOILLET ET FILS,

3, rue du faubourg Stanislas, 3.

—

1871

LA FRANCE SANS DIEU

« Interroge la raison et les sages, tu
connaîtras la vraie cause de tes
malheurs. »

(SCHIL CHIN.)

Nos malheurs.

Pauvre France !! Telle est la parole de
commisération qui retentit partout... A la
vue des ruines de l'Empire romain, un
grand orateur (¹) s'écriait : « La voilà
« tombée cette Reine de l'univers. — Si
« nous prêtons l'oreille nous entendrons

(¹) Saint Grégoire.

« des gémissements. — La maîtresse des
« nations, l'invincible Rome, est devenue
« la risée des peuples.... »

Telle est la France. Mais il faut, à la vue
de ces ruines, se demander la cause pre-
mière de nos désastres ; quel nuage sinistre
a provoqué la foudre.....

Il ne faut pas imiter l'enfant qui passe
auprès des débris fumants, frissonne et
s'éloigne pour retourner à ses jouets. —
La leçon est solennelle et digne des plus
fiers.... à moins que le fracas de la foudre
n'ait émoussé nos sens et creusé notre
tombe à jamais. — Est-ce bien le moment,
dira quelque esprit fort, de nous parler de
nos malheurs, et faut-il attrister encore
une mère en deuil en lui montrant les ca-
davres calcinés de ses enfants ! Il est vrai,
il faut respecter la douleur d'une mère et

imiter le silence des amis de cet illustre infortuné (¹) qui attendirent sept jours et sept nuits, avant de lui adresser quelques paroles de consolation et verser un peu de baume sur sa blessure. — Mais cette mère qu'on appelle la France est faite à notre image, et si elle est malheureuse, c'est que nous sommes les coupables, c'est donc nous-mêmes qu'il faut interroger, c'est notre examen qu'il faut faire, en toute franchise et loyauté.

La France est encore assez forte dans ses infortunes pour entendre la vérité, et il faut nous la dire à nous-mêmes. La vérité est mère de la vertu et la vertu enfante les grandes nations....

La gangrène se met aux blessures qu'on laisse enveloppées.

(¹) Job.

Sondons cette large plaie avec respect
et confiance.... Reconnaître sa maladie, dit
un philosophe ('), c'est vouloir sa guéri-
son. — Contemplons ces ruines amonce-
lées et nous constaterons qu'avant l'écrou-
lement de Paris.... tout était gisant dans
les âmes.... Alors de nos ruines sortira
l'édifice social ferme, majestueux et digne
d'abriter le peuple de Charlemagne et de
Louis XIV.

(') Platon.

Lire les lamentations de Jérémie sur Jéru-
salem infidèle et châtiée. . . — ou se rappe-
ler la chute des Anges et d'Adam.
       (Le mal appelle le malheur.)

Le Doigt de Dieu.

La France a été battue par la Prusse pour une raison bien simple. — *Nous n'étions pas prêts !...* ainsi raisonnent les hommes de notre temps ; ils débitent gravement des naïvetés pour ne pas dire des sottises....

La Prusse prête, sans contredit, armée jusqu'aux dents, et nous sans soldats, sans munitions, sans canons. — Je me trompe, nous avions tout cela, mais dans quel état et en quel nombre ! Voici un premier mystère. La Prusse manœuvrant depuis des années en plein soleil dans ses camps, avec ses nuées de Teutons, ses engins formidables, sans même être *remarquée* par les chefs militaires de la nation. On avait signalé à la Chambre son effectif de douze cent mille hommes, ses canons Krupp étaient étalés à l'Exposition de 1867... Ducrot écrivait au général Frossard que les préparatifs de la Prusse étaient menaçants, et personne, absolument personne n'y songe... Autre phénomène. On ne connaît pas mieux notre état militaire que celui de la Prusse... et voici que d'un commun accord les deux Chambres, la commission déclarent la guerre avec un enthousiasme délirant, — et on trouve le fait tout naturel ! Alors l'extraordinaire est à l'ordre du jour... Dieu avait passé à l'ennemi et avait semé dans les conseils des sages, cet esprit de vertige et d'erreur.

Le nouvel Attila avait reçu l'ordre de marcher contre ces insulteurs de Dieu et de son Christ... Depuis, les hommes sérieux l'ont reconnu et Guillaume lui-même l'a proclamé,... ne luttons pas contre l'évidence, n'ajoutons pas le mensonge à l'infortune.

Eh quoi! les païens eux-mêmes reconnaissaient la justice des dieux s'exerçant contre les coupables... La peine est la suivante du crime, dit Platon ; la vengeance divine, continue Euripide dans *Oreste*, marche lentement et frappe le coupable. C'est une meule suspendue, ajoute Sophocle, peu à peu elle descend sur le grain qu'elle doit broyer. Lisez dans Plutarque les délais de la justice divine.

Rappelez-vous l'audace des Titans qui escaladent le ciel et qui sont écrasés sous le poids des montagnes entassées contre le maître des dieux !

Châtiment, châtiment !

Nos Prophétes.

Saper les bases de l'édifice, c'est vouloir sa ruine.

Qui donc, demandera-t-on, a prédit nos malheurs? des prophètes sinistres, quelque vieille Cassandre sans doute? nullement; mieux que cela, écoutez la raison, l'expérience, les sages...

Oui, la raison ! que faut-il à toute société pour vivre ? autorité et obéissance... or toute autorité était niée effrontément, critiquée, vilipendée ; —à bas l'autorité. Lisez les journaux, assistez aux clubs et répondez... Plus d'obéissance ! et, pour une excellente raison, il n'y avait plus d'autorité : chacun se déclare indépendant, libre, libre de tout penser, de tout dire, de tout écrire.

Licence illimitée... on se proclame libre penseur et, drapé dans ce manteau de philosophe imbécile, on devient libre faiseur ; — quand je dis qu'on n'obéit plus, je me trompe, on obéit à ses passions, caprices, fantaisies... on tranche du Voltaire.

Plus d'autorité, plus de soumission, plus de société ; voilà la prophétie annoncée par la raison.

L'expérience — Constantinople et Rome, l'Orient et l'Occident, ne connaissent plus l'autorité !... L'empire romain s'écroule.... Qu'était devenue à Rome, au quatrième siècle, l'autorité ? — Le jouet des soldats, et les empereurs n'étaient que des mannequins couronnés.... et ce grand peuple naguère maître du monde que faisait-il ? — il s'amusait... il suivait ses instincts sanguinaires sur les gradins d'un amphithéâtre ou dans des repaires immondes... ne demandant à ses maîtres, esclaves de ses caprices, que « du plaisir et du pain. » Et de nos jours n'est-ce pas la même aspiration, le même cri qui s'échappe des âmes du peuple?   plus de travail, le partage de tout entre tous, jouir et ne rien faire, voilà le programme rêvé par nos affiliés à l'Internationale. Et les sages que disaient-ils?... A la vue d'une démoralisation universelle envahissant tous les cœurs ils jetaient le cri d'alarme et leurs paroles connues retentissaient partout, dans les journaux, les brochures, les livres... Là on dénonçait énergiquement et preuve en main la guerre universelle déclarée à toute religion et à toute morale, on montrait à nu ce virus révolutionnaire innoculé aux veines de la nation par ces trois sources empoisonnées :

Le théâtre, la presse, l'université. — Lisez la *Sophistique contemporaine* de Gratry, — *la morale* de Caro, — l'*Avertissement* de Mgr Dupanloup, — son *péril social*, — *Les erreurs modernes* de Mgr Pie, — *les libres penseurs* de Veuillot, — *le mémoire* de Combalot, — *un éclair avant la foudre*, par Deschamps, — *la solution des grands problèmes*, .. sans parler des brochures de Mgr de Ségur, des mandements des évêques et des lettres adressées de Rome au monde entier... Partout c'est la même pensée... On ne voulut point écouter les prudents; on préféra les accents du mensonge agréable et la voix des flatteurs,... on s'endormait sur le bord du précipice et la chute est venue ; le voile s'est déchiré, et le jour s'est fait, mais trop tard.

Ecoutons désormais et comprenons.

Nos Maladies.

Garde-toi de juger les gens sur la mine ;
tel fut le conseil donné par le chat au sou-
riceau. — Notre société du dix-neuvième
siècle apparaissait brillante au premier
coup d'œil. — Hélas ! c'était un fantôme
drapé de pourpre, un malade fardé jouant
la santé...

Que de symptômes alarmants se révé-
laient aux regards attentifs....

La maladie avait envahi le corps social
tout entier, la tête et les menbres.....
Avant d'examiner de près tous ces orga-

nes, d'ausculter comme la respiration de cette vie, il faut indiquer quelques signes avant-coureurs de son état de dépérissement. —

Le vertige était dans la tète des puissants : les politiques ingoraient les forces de l'ennemi et les nôtres ! Les ministères se succèdaient pour émanciper le méchant au nom de la liberté... Comme jadis à Rome et à Constantinople, en présence des Barbares on s'occupe sérieusement de sonores bagatelles, sinon de puérilités : et l'ennemi était aux portes, aux frontières de la Patrie ?   et, à l'heure présente, on s'occupe gravement à la Chambre d'imposer une taxe sur les serins et de délivrer une carte d'électeur aux enfants de cinq ans.

(*Voir la séance du 12 Août, 1871.*)

Les citoyens fatigués du joug salutaire des lois réclament la liberté ! on sait qu'ils veulent la licence, le droit de tout dire aux clubs et de tout faire à l'atelier, se mettant en grève au moindre prétexte.... exigeant un salaire toujours croissant et un travail parallèlement décroissant... Le soldat lui-même, oublieux de la discipline, s'élance à l'ennemi de sa propre autorité et le chef ne peut maîtriser cette furia insensée.... Que dire de la moralité des masses..... Qui n'a heurté le soir quelque brave chancelant, ou tendu dans la rue.... et ce flot de peuple, où se précipite-t-il ? il va demander un plaisir malsain à ce théâtre corrupteur ; là il verra réhabiliter tout ce qui est méprisable, ignoble, perdu ;... c'est le spectacle qu'offrait Rome à son déclin ; plus de frein à la licence, plus de respect pour cette grande chose que tout peuple a honorée : la religion. — Platon affirmait en plein siècle de Périclès que l'on bâtirait plutôt une cité dans les airs que de voir un peuple vivre sans Dieu !...

Le mal n'est pas à la surface, il est au cœur même de la nation, et pour extirper ce virus et cette gangrène, il faut le fer et le feu... La voilà cette nation jadis si noble, si magnanime, si victorieuse !... elle est gisante... elle se meurt... elle a renié son Dieu... le Dieu qui l'a faite par la main de ses évêques, comme l'abeille fait son miel, ainsi que parle un historien. Seigneur, venez... car votre enfant prodigue se meurt... déjà la tombe est ouverte ; venez Seigneur, avant que la mort ne le frappe et que la pierre du tombeau ne soit scellée !

Maladies personnelles

Les sages de l'antiquité ont regardé la créature raisonnable comme déchue de son premier état et en proie à deux maladies : l'orgueil et la sensualité... L'amour exagéré de soi et du plaisir... toutes les âmes sont atteintes de cette double épidémie, nul enfant d'Ève ne peut s'y soustraire ; mais il y a des époques de recrudescence, et nous sommes arrivés à ces jours néfastes.... Un ancien fait en ces termes la description de la superbe et de la convoitise.

L'orgueilleux a langue longue, prompte colère, verbe haut et affirmatif, parlant de tout et spécialement de ce qu'il ne sait pas... Il parle Religion, politique, comme il parle de chasse... Si le tact n'est pas son fort, il a du goût, le palais délicat et bon appréciateur des mets et des vins... Son intelligence est descendue au niveau des sens, et s'il n'est pas l'homme de tête, il est, comme dit Montaigne, homme de gueule et de ventre.   « Le cœur a disparu dans cet individu vertébré. » -

C'est vraiment le descendant du singe About et l'ami du cheval et de l'âne d'après la classification de Cuvier. — A ces traits généraux, qui n'a reconnu le portrait de cette mine de dandys.... qui abordent d'aventure les questions les plus graves et les tranchent d'un seul mot. —

D'ordinaire, le mot est pris au diction-
naire de la langue verte,... absurde, fou,
bête, etc.... Le philosophe de café ou de
roman qui vous jette ces aménités est
élégant : frac noir, cravate brillante,
chapeau panaché et gants violetés!... c'est
la boue sortant d'un vase ciselé!... Rien ne
rivalise avec son outrecuidance, si ce n'est
son amour du plaisir et du comfortable,
voire même du *far niente!*.... Il ne rêve
qu'amusements, passe-temps... jouissan-
ces... ce n'est plus cet être raisonnable qui,
au dire du philosophe, est né pour connaî-
tre son Dieu, l'aimer et le servir, et un jour
partager son bonheur au ciel. — Non!
non... mais un bimane qui mange, boit,
dort, s'amuse à l'instar du perroquet, de
l'épagneul et du singe... Il admettrait volontiers l'âme d'une bête qui se résume

dans l'instinct... et qui s'évapore comme un air léger à la mort de l'animal.... il est de sa famille, et sa fierté n'est nullement froissée de cette parenté, car il veut avant tout jouir... advienne que pourra.... Quant à son âme, il la relèguerait volontiers dans un musée d'antiquités pour la curiosité des oisifs ou des amateurs.

Voilà l'étrange produit de notre siècle de lumières!... Comme au temps d'Épicure et de Voltaire, — c'est le cœur qui fait mal à la tête... Le cœur est devenu terre, fange, pourriture, la vie a disparu... ce n'est plus qu'un balancier dans un tombeau... un lambeau de chair noircie, dit le curé d'Ars, où les vers fourmillent!...

Pauvre malade... cadavre infect, il te sied bien de te draper dans ton manteau d'orgueil!

Maladies nationales.

Le prophète vit un jour, en esprit, une statue gigantesque, symbole du grand royaume de Babylone; la tête et les membres étaient d'or, d'argent, d'airain, les pieds étaient d'argile : une pierre détachée de la montagne vient frapper la base du colosse, ce n'est plus qu'une ruine immense.

Ce nouvel empire, naguère si florissant, c'est la France... mais la France ne s'appuyait plus sur Dieu comme au temps de ses rois chevaleresques et chrétiens; elle comptait sur elle-même, sur sa gloire passée. Les pieds de la France étaient d'argile... un rocher détaché des régions du Nord est venu heurter le colosse, et des débris amoncelés attestent sa chute ! — Hélas ! hélas !...

Qu'est devenue la grande nation ? Les apparences brillantes pouvaient faire illusion aux oisifs et aux épicuriens de salon, l'observateur sérieux redoutait l'avenir... C'est en vain qu'on pare un illustre cadavre, en vain la pourpre butte à ses pieds, en vain on lui jette un manteau étincelant de pierreries sur les épaules et une couronne de rubis sur la tête ; au soleil de la civilisation, en soulevant ces draperies splendides, la mort se révèle, la corruption se trahit, le cœur a cessé de battre.... on s'éloigne attristé en répétant ce mot : « pourriture. »

Le cœur de la France ne peut battre que s'il est animé par le souffle de Dieu; car la France est chrétienne par tempérament.... Dieu chassé du conseil des ministres et de l'Assemblée délibérante, Dieu chassé des lois, Dieu chassé de la hiérarchie administrative, financière, militaire... Dieu chassé, conspué partout... Alors le cœur de la France expire... tout est glacé par l'égoïsme, l'indifférence... il n'y a plus que des secousses factices des commotions électriques! la vie a disparu. Ce grand peuple s'agite sous les étreintes d'une agonie fiévreuse; on demande des remèdes, des docteurs, des hommes pour rendre la santé au mourant! Vains efforts! Il faut rendre au cœur de la France son ressort divin et donner à la statue des pieds fermes comme la vérité, inébranlables comme l'airain.... la

religion de Clovis, de Charlemagne, de
saint Louis!

Lève-toi de ta tombe! illustre mourant,
brise ces bandelettes dont les passions ont
enveloppé ton âme, rejette ce poison de
l'erreur que tes lèvres ont bu à la coupe
d'une science malsaine, délirante, athée!...
A l'instar de l'enfant prodigue, reviens,
noble France, à Celui qui t'a baptisée à ton
berceau par la main de saint Remy, qui
veut faire de toi sa nation choisie, la dé-
fense de son Eglise, son épée, et un jour
te rendra ton diadème, ton prestige et ta
gloire !

La Famille.

Jadis, nos aïeux avaient d'étranges idées sur la famille. Le père et la mère commandaient, l'enfant obéissait... Le respect pour les parents était à l'ordre du jour... Aujourd'hui, on a fait d'immenses progrès sous ce rapport... dans la plupart des familles, ce sont les enfants qui commandent... le père et la mère obéissent ; les enfants sont devenus des idoles, des divinités plus ou moins mignonnes et exigeant tout d'abord la soumission du père et de la mère, ainsi que l'encens de leur propre

main. Il y a encore ici et là quelques parents attardés, des tenants du moyen âge,
comme on dit avec un fin sourire, mais la
masse suit le courant du grand siècle XIXe.
Un point, toutefois, fait exception dans
cette nouvelle direction donnée à la famille... je veux dire l'exigence, la persis-
tance à draper la jeunesse dans des cos-
tumes qui outragent en même temps la
morale et le bon goût. — Ah! pour le
coup, si la jeune fille résistait et si, par
respect pour elle et pour sa religion, elle
voulait rester convenable, correcte dans sa
toilette, la mère, saintement indignée, em-
ploierait, et l'influence de son digne mari
et de ses nobles amies pour forcer la ré-
calcitrante à laisser là cette robe décente,
mais démodée, pour en prendre une autre
en vogue, quelque peu décolletée, cha-

toyante et relevée. — Que serait-ce si, par dégoût pour la chose, la jeune personne ne voulait point hanter le théâtre de la cité, pour voir et être vue, entendre les gais propos et la réhabilitation du vice. Ainsi donc, parents, vous êtes devenus pour les enfants que vous devez former à la vertu, au devoir, à toutes les grandes choses, un obstacle, une pierre de scandale, et on s'étonne niaisement de voir le malheur, la désunion dans la famille... L'autel du respect est renversé, car on a chassé Dieu du foyer domestique ; plus de prière en commun, plus de ces épanchements du cœur, plus d'agapes, à l'instar des premiers chrétiens ! mais des festins à la Lucullus, des soirées dansantes qui font ricaner Satan et pleurer les Anges. Et on appelle tout cela du progrès ! Plus de Dieu, plus de prière, plus d'autorité, plus de respect, plus d'obéissance.... Progrès, progrès.... nous retournons au paganisme... si nous n'y sommes déjà profondément enfoncés... Le règne de l'égoïsme, de la convoitise, de l'orgueil... j'allais dire le mot, — le règne de l'ange déchu... Dante dirait de la Bête « *rimaso bestia.* » Il faut, bon gré mal gré, replacer Dieu sur l'autel, si nous voulons que toutes les grandes choses y reparaissent ainsi que son naturel cortége, — la gloire de la France et sa prospérité.

Conclusion.

« Le mal appelle le malheur. »

Voilà ce qui ressort de la rapide esquisse de nos calamités et de nos maladies morales. Pour nous guérir du mal de l'orgueil, de la volupté, de l'amour de l'argent et du mépris de l'autorité, Dieu nous a envoyé l'humiliation, la souffrance, les réquisitions et l'indemnité de cinq milliards, ainsi que la consigne brutale du Teuton qui nous a renversés, foulés aux pieds. — Si le malheur ne nous force pas à regarder le Ciel pour crier miséricorde, qui sait ce que la justice divine nous réserve ?

Pauvre France! répète l'illustre et infortuné Pie IX, pauvre France! et cependant j'espère que le ciel ne l'abandonnera pas et qu'un jour elle sera ma délivrance...

Voyez-vous au sein de l'Océan, sur un rocher désert, ce vieillard vénérable, ce vieux nocher qui regarde vers la mer... Un navire apparaît dans le lointain, mais, hélas! le mât est brisé, les voiles échevelées, l'équipage égorgé et le pilote jeté dans l'Océan...Le vieux nautonnier regarde toujours, ses yeux versent des larmes, et cependant il espère!

Ce vieillard au regard céleste, c'est Pie IX.

Le navire désemparé, c'est la France. — Surpris par des corsaires, le navire a été pillé, les matelots faits prisonniers; mais voici que des préparatifs nouveaux se font

pour armer le vaisseau, un mât surmonté
de la croix se dresse, des soldats chrétiens
arrivent et un pilote habile saisit en main
le gouvernail. La France se relève, elle
élève la voix et reprend son rang à la tête
des nations. Car si le mal appelle le malheur, la vertu élève les nations et les rend
heureuses.